Date:_____ Time:_____
Deck:_____   MAJOR   MINOR   BOTH
Question:_____
_____

Card 1:_____
_____
_____
_____

Card 2:_____
_____
_____
_____

Card 3:_____
_____
_____
_____

Interpretation:_____
_____
_____
_____

Date:_____ Time:_____

Deck:_____   MAJOR   MINOR   BOTH

Question:_____

_____

Card 1:_____

_____

_____

Card 2:_____

_____

_____

Card 3:_____

_____

_____

Interpretation:_____

_____

_____

_____

Date:_____ Time:_____

Deck:_____   MAJOR   MINOR   BOTH

Question:_____
_____

Card 1:_____
_____
_____
_____

Card 2:_____
_____
_____
_____

Card 3:_____
_____
_____
_____

Interpretation:_____
_____
_____
_____

Date:_____ Time:_____

Deck:_____   MAJOR   MINOR   BOTH

Question:_____
_____

Card 1:_____
_____
_____

Card 2:_____
_____
_____

Card 3:_____
_____
_____

Interpretation:_____
_____
_____
_____

Date:_____ Time:_____
Deck:_____ MAJOR   MINOR   BOTH
Question:_____
_____

Card 1:_____
_____
_____

Card 2:_____
_____
_____

Card 3:_____
_____
_____

Interpretation:_____
_____
_____

Date:_____ Time:_____

Deck:_____ MAJOR   MINOR   BOTH

Question:_____
_____

Card 1:_____
_____
_____

Card 2:_____
_____
_____

Card 3:_____
_____
_____

Interpretation:_____
_____
_____
_____

Date:_____ Time:_____
Deck:_____   MAJOR   MINOR   BOTH
Question:_____
_____

Card 1:_____
_____
_____

Card 2:_____
_____
_____

Card 3:_____
_____
_____

Interpretation:_____
_____
_____
_____

Date:_____ Time:_____

Deck:_____   MAJOR   MINOR   BOTH

Question:_____
_____

Card 1:_____
_____
_____

Card 2:_____
_____
_____

Card 3:_____
_____
_____

Interpretation:_____
_____
_____
_____

Date:_____ Time:_____
Deck:_____   MAJOR   MINOR   BOTH
Question:_____
_____

Card 1:_____
_____
_____

Card 2:_____
_____
_____

Card 3:_____
_____
_____

Interpretation:_____
_____
_____

Date:_____ Time:_____

Deck:_____ MAJOR   MINOR   BOTH

Question:_____
_____

Card 1:_____
_____
_____
_____

Card 2:_____
_____
_____
_____

Card 3:_____
_____
_____
_____

Interpretation:_____
_____
_____
_____

Date:_____ Time:_____

Deck:_____   MAJOR   MINOR   BOTH

Question:_____

_____

Card 1:_____

_____

_____

Card 2:_____

_____

_____

Card 3:_____

_____

_____

Interpretation:_____

_____

_____

_____

Date:_____ Time:_____

Deck:_____   MAJOR   MINOR   BOTH

Question:_____
_____

Card 1:_____
_____
_____
_____

Card 2:_____
_____
_____
_____

Card 3:_____
_____
_____
_____

Interpretation:_____
_____
_____
_____

Date:_____ Time:_____
Deck:_____   MAJOR   MINOR   BOTH
Question:_____
_____

Card 1:_____
_____
_____
_____

Card 2:_____
_____
_____
_____

Card 3:_____
_____
_____
_____

Interpretation:_____
_____
_____
_____

Date:_____ Time:_____

Deck:_____   MAJOR   MINOR   BOTH

Question:_____
_____

Card 1:_____
_____
_____

Card 2:_____
_____
_____

Card 3:_____
_____
_____

Interpretation:_____
_____
_____
_____

Date:_____ Time:_____

Deck:_____   MAJOR   MINOR   BOTH

Question:_____

_____

Card 1:_____

_____

_____

_____

Card 2:_____

_____

_____

_____

Card 3:_____

_____

_____

_____

Interpretation:_____

_____

_____

_____

Date:_____ Time:_____

Deck:_____   MAJOR   MINOR   BOTH

Question:_____
_____

Card 1:_____
_____
_____

Card 2:_____
_____
_____

Card 3:_____
_____
_____

Interpretation:_____
_____
_____
_____

Date:_____ Time:_____

Deck:_____   MAJOR   MINOR   BOTH

Question:_____

_____

Card 1:_____

_____

_____

_____

Card 2:_____

_____

_____

_____

Card 3:_____

_____

_____

_____

Interpretation:_____

_____

_____

_____

Date:_____ Time:_____

Deck:_____   MAJOR   MINOR   BOTH

Question:_____

_____

Card 1:_____

_____

_____

Card 2:_____

_____

_____

Card 3:_____

_____

_____

Interpretation:_____

_____

_____

_____

Date:_____ Time:_____

Deck:_____   MAJOR   MINOR   BOTH

Question:_____

Card 1:_____

Card 2:_____

Card 3:_____

Interpretation:_____

Date:_____ Time:_____

Deck:_____　　MAJOR　　MINOR　　BOTH

Question:_____
_____

Card 1:_____
_____
_____
_____

Card 2:_____
_____
_____
_____

Card 3:_____
_____
_____
_____

Interpretation:_____
_____
_____
_____

Date:_____ Time:_____

Deck:_____ MAJOR   MINOR   BOTH

Question:_____

Card 1:_____

Card 2:_____

Card 3:_____

Interpretation:_____

Date:_____ Time:_____
Deck:_____   MAJOR   MINOR   BOTH
Question:_____
_____

Card 1:_____
_____
_____

Card 2:_____
_____
_____

Card 3:_____
_____
_____

Interpretation:_____
_____
_____
_____

Date:_____ Time:_____

Deck:_____   MAJOR   MINOR   BOTH

Question:_____
_____

Card 1:_____
_____
_____

Card 2:_____
_____
_____

Card 3:_____
_____
_____

Interpretation:_____
_____
_____
_____

Date:_____ Time:_____

Deck:_____   MAJOR   MINOR   BOTH

Question:_____
_____

Card 1:_____
_____
_____

Card 2:_____
_____
_____

Card 3:_____
_____
_____

Interpretation:_____
_____
_____
_____

Date:_____ Time:_____

Deck:_____   MAJOR   MINOR   BOTH

Question:_____

Card 1:_____

Card 2:_____

Card 3:_____

Interpretation:_____

Date:_____ Time:_____
Deck:_____   MAJOR   MINOR   BOTH
Question:_____
_____

Card 1:_____
_____
_____

Card 2:_____
_____
_____

Card 3:_____
_____
_____

Interpretation:_____
_____
_____

Date:_____ Time:_____

Deck:_____   MAJOR   MINOR   BOTH

Question:_____

_____

Card 1:_____

_____

_____

_____

Card 2:_____

_____

_____

_____

Card 3:_____

_____

_____

_____

Interpretation:_____

_____

_____

_____

Date:_____ Time:_____

Deck:_____   MAJOR   MINOR   BOTH

Question:_____
_____

Card 1:_____
_____
_____
_____

Card 2:_____
_____
_____
_____

Card 3:_____
_____
_____
_____

Interpretation:_____
_____
_____
_____

Date:_____ Time:_____

Deck:_____   MAJOR   MINOR   BOTH

Question:_____

Card 1:_____

Card 2:_____

Card 3:_____

Interpretation:_____

Date:_____ Time:_____
Deck:_____   MAJOR   MINOR   BOTH
Question:_____
_____

Card 1:_____
_____
_____

Card 2:_____
_____
_____

Card 3:_____
_____
_____

Interpretation:_____
_____
_____
_____

Date:_____ Time:_____

Deck:_____ MAJOR   MINOR   BOTH

Question:_____
_____

Card 1:_____
_____
_____

Card 2:_____
_____
_____

Card 3:_____
_____
_____

Interpretation:_____
_____
_____

Date:_____ Time:_____

Deck:_____   MAJOR   MINOR   BOTH

Question:_____
_____

Card 1:_____
_____
_____

Card 2:_____
_____
_____

Card 3:_____
_____
_____

Interpretation:_____
_____
_____
_____

Date:_____ Time:_____

Deck:_____   MAJOR   MINOR   BOTH

Question:_____

_____

Card 1:_____

_____

_____

Card 2:_____

_____

_____

Card 3:_____

_____

_____

Interpretation:_____

_____

_____

_____

Date:_____ Time:_____

Deck:_____   MAJOR   MINOR   BOTH

Question:_____
_____

Card 1:_____
_____
_____
_____

Card 2:_____
_____
_____
_____

Card 3:_____
_____
_____
_____

Interpretation:_____
_____
_____
_____

Date:_____ Time:_____

Deck:_____ MAJOR   MINOR   BOTH

Question:_____
_____

Card 1:_____
_____
_____
_____

Card 2:_____
_____
_____
_____

Card 3:_____
_____
_____
_____

Interpretation:_____
_____
_____
_____

Date:_____ Time:_____

Deck:_____   MAJOR   MINOR   BOTH

Question:_____
_____

Card 1:_____
_____
_____

Card 2:_____
_____
_____

Card 3:_____
_____
_____

Interpretation:_____
_____
_____
_____

Date:_____ Time:_____

Deck:_____   MAJOR   MINOR   BOTH

Question:_____

Card 1:_____

Card 2:_____

Card 3:_____

Interpretation:_____

Date:_____ Time:_____

Deck:_____   MAJOR   MINOR   BOTH

Question:_____

_____

Card 1:_____

_____

_____

Card 2:_____

_____

_____

Card 3:_____

_____

_____

Interpretation:_____

_____

_____

_____

Date:_____ Time:_____

Deck:_____   MAJOR   MINOR   BOTH

Question:_____

_____

Card 1:_____

_____

_____

Card 2:_____

_____

_____

Card 3:_____

_____

_____

Interpretation:_____

_____

_____

_____

Date:_____ Time:_____
Deck:_____   MAJOR   MINOR   BOTH
Question:_____
_____

Card 1:_____
_____
_____

Card 2:_____
_____
_____

Card 3:_____
_____
_____

Interpretation:_____
_____
_____
_____

Date:_____ Time:_____
Deck:_____   MAJOR   MINOR   BOTH
Question:_____
_____

Card 1:_____
_____
_____

Card 2:_____
_____
_____

Card 3:_____
_____
_____

Interpretation:_____
_____
_____
_____

Date:_____ Time:_____
Deck:_____   MAJOR   MINOR   BOTH
Question:_____
_____

Card 1:_____
_____
_____

Card 2:_____
_____
_____

Card 3:_____
_____
_____

Interpretation:_____
_____
_____
_____

Date:_____ Time:_____

Deck:_____   MAJOR   MINOR   BOTH

Question:_____

_____

Card 1:_____

_____

_____

_____

Card 2:_____

_____

_____

_____

Card 3:_____

_____

_____

_____

Interpretation:_____

_____

_____

_____

Date:_____ Time:_____

Deck:_____ MAJOR   MINOR   BOTH

Question:_____
_____

Card 1:_____
_____
_____
_____

Card 2:_____
_____
_____
_____

Card 3:_____
_____
_____
_____

Interpretation:_____
_____
_____
_____

Date:_____ Time:_____

Deck:_____   MAJOR   MINOR   BOTH

Question:_____

_____

Card 1:_____

_____

_____

Card 2:_____

_____

_____

Card 3:_____

_____

_____

Interpretation:_____

_____

_____

Date:_____ Time:_____

Deck:_____ MAJOR   MINOR   BOTH

Question:_____

_____

Card 1:_____

_____

_____

Card 2:_____

_____

_____

Card 3:_____

_____

_____

Interpretation:_____

_____

_____

_____

Date:_____ Time:_____

Deck:_____   MAJOR   MINOR   BOTH

Question:_____
_____

Card 1:_____
_____
_____

Card 2:_____
_____
_____

Card 3:_____
_____
_____

Interpretation:_____
_____
_____
_____

Date:_____ Time:_____
Deck:_____ MAJOR   MINOR   BOTH
Question:_____
_____

Card 1:_____
_____
_____

Card 2:_____
_____
_____

Card 3:_____
_____
_____

Interpretation:_____
_____
_____
_____

Date:_____ Time:_____

Deck:_____   MAJOR   MINOR   BOTH

Question:_____
_____

Card 1:_____
_____
_____

Card 2:_____
_____
_____

Card 3:_____
_____
_____

Interpretation:_____
_____
_____
_____

Date:_____ Time:_____

Deck:_____   MAJOR   MINOR   BOTH

Question:_____
_____

Card 1:_____
_____
_____
_____

Card 2:_____
_____
_____
_____

Card 3:_____
_____
_____
_____

Interpretation:_____
_____
_____
_____

Date:_____ Time:_____

Deck:_____   MAJOR   MINOR   BOTH

Question:_____
_____

Card 1:_____
_____
_____

Card 2:_____
_____
_____

Card 3:_____
_____
_____

Interpretation:_____
_____
_____

Date:_____ Time:_____

Deck:_____   MAJOR   MINOR   BOTH

Question:_____
_____

Card 1:_____
_____
_____

Card 2:_____
_____
_____

Card 3:_____
_____
_____

Interpretation:_____
_____
_____
_____

Date:_____ Time:_____

Deck:_____   MAJOR   MINOR   BOTH

Question:_____
_____

Card 1:_____
_____
_____

Card 2:_____
_____
_____

Card 3:_____
_____
_____

Interpretation:_____
_____
_____
_____

Date:_____ Time:_____

Deck:_____   MAJOR   MINOR   BOTH

Question:_____
_____

Card 1:_____
_____
_____
_____

Card 2:_____
_____
_____
_____

Card 3:_____
_____
_____
_____

Interpretation:_____
_____
_____
_____

Date:_____ Time:_____

Deck:_____ MAJOR   MINOR   BOTH

Question:_____
_____

Card 1:_____
_____
_____
_____

Card 2:_____
_____
_____
_____

Card 3:_____
_____
_____
_____

Interpretation:_____
_____
_____
_____

Date:_____ Time:_____

Deck:_____   MAJOR   MINOR   BOTH

Question:_____

_____

Card 1:_____

_____

_____

_____

Card 2:_____

_____

_____

_____

Card 3:_____

_____

_____

_____

Interpretation:_____

_____

_____

_____

Date:_____ Time:_____

Deck:_____   MAJOR   MINOR   BOTH

Question:_____

_____

Card 1:_____

_____

_____

Card 2:_____

_____

_____

Card 3:_____

_____

_____

Interpretation:_____

_____

_____

_____

[ ] [ ] [ ]

Date:_____ Time:_____
Deck:_____ MAJOR   MINOR   BOTH
Question:_____
_____

Card 1:_____
_____
_____

Card 2:_____
_____
_____

Card 3:_____
_____
_____

Interpretation:_____
_____
_____
_____

Date:_____ Time:_____

Deck:_____   MAJOR   MINOR   BOTH

Question:_____

_____

Card 1:_____

_____

_____

Card 2:_____

_____

_____

Card 3:_____

_____

_____

Interpretation:_____

_____

_____

Date:_____ Time:_____

Deck:_____ MAJOR MINOR BOTH

Question:_____
_____

Card 1:_____
_____
_____

Card 2:_____
_____
_____

Card 3:_____
_____
_____

Interpretation:_____
_____
_____
_____

Date:_____ Time:_____

Deck:_____ MAJOR   MINOR   BOTH

Question:_____

_____

Card 1:_____

_____

_____

_____

Card 2:_____

_____

_____

_____

Card 3:_____

_____

_____

_____

Interpretation:_____

_____

_____

_____

Date:_____ Time:_____
Deck:_____   MAJOR   MINOR   BOTH
Question:_____
_____

Card 1:_____
_____
_____

Card 2:_____
_____
_____

Card 3:_____
_____
_____

Interpretation:_____
_____
_____
_____

Date:_____ Time:_____

Deck:_____   MAJOR   MINOR   BOTH

Question:_____
_____

Card 1:_____
_____
_____

Card 2:_____
_____
_____

Card 3:_____
_____
_____

Interpretation:_____
_____
_____
_____

Date:_____ Time:_____

Deck:_____   MAJOR   MINOR   BOTH

Question:_____
_____

Card 1:_____
_____
_____

Card 2:_____
_____
_____

Card 3:_____
_____
_____

Interpretation:_____
_____
_____
_____

Date:_____ Time:_____

Deck:_____   MAJOR   MINOR   BOTH

Question:_____
_____

Card 1:_____
_____
_____

Card 2:_____
_____
_____

Card 3:_____
_____
_____

Interpretation:_____
_____
_____
_____

Date:_____ Time:_____

Deck:_____   MAJOR   MINOR   BOTH

Question:_____
_____

Card 1:_____
_____
_____

Card 2:_____
_____
_____

Card 3:_____
_____
_____

Interpretation:_____
_____
_____
_____

Date:_____ Time:_____

Deck:_____   MAJOR   MINOR   BOTH

Question:_____

_____

Card 1:_____

_____

_____

Card 2:_____

_____

_____

Card 3:_____

_____

_____

Interpretation:_____

_____

_____

_____

Date:_____ Time:_____

Deck:_____   MAJOR   MINOR   BOTH

Question:_____

_____

Card 1:_____

_____

_____

Card 2:_____

_____

_____

Card 3:_____

_____

_____

Interpretation:_____

_____

_____

_____

Date:_____ Time:_____

Deck:_____   MAJOR   MINOR   BOTH

Question:_____
_____

Card 1:_____
_____
_____
_____

Card 2:_____
_____
_____
_____

Card 3:_____
_____
_____
_____

Interpretation:_____
_____
_____
_____

Date:_____ Time:_____

Deck:_____   MAJOR   MINOR   BOTH

Question:_____

_____

Card 1:_____

_____

_____

Card 2:_____

_____

_____

Card 3:_____

_____

_____

Interpretation:_____

_____

_____

_____

Date:_____ Time:_____

Deck:_____   MAJOR   MINOR   BOTH

Question:_____

Card 1:_____

Card 2:_____

Card 3:_____

Interpretation:_____

Date:_____ Time:_____

Deck:_____   MAJOR   MINOR   BOTH

Question:_____

_____

Card 1:_____

_____

_____

Card 2:_____

_____

_____

Card 3:_____

_____

_____

Interpretation:_____

_____

_____

_____

Date:_____ Time:_____

Deck:_____   MAJOR   MINOR   BOTH

Question:_____

_____

Card 1:_____

_____

_____

Card 2:_____

_____

_____

Card 3:_____

_____

_____

Interpretation:_____

_____

_____

Date:_____ Time:_____

Deck:_____ MAJOR   MINOR   BOTH

Question:_____
_____

Card 1:_____
_____
_____

Card 2:_____
_____
_____

Card 3:_____
_____
_____

Interpretation:_____
_____
_____
_____

Date:_____ Time:_____
Deck:_____   MAJOR   MINOR   BOTH
Question:_____
_____

Card 1:_____
_____
_____

Card 2:_____
_____
_____

Card 3:_____
_____
_____

Interpretation:_____
_____
_____
_____

Date:_____ Time:_____

Deck:_____   MAJOR   MINOR   BOTH

Question:_____

_____

Card 1:_____

_____

_____

_____

Card 2:_____

_____

_____

_____

Card 3:_____

_____

_____

_____

Interpretation:_____

_____

_____

_____

Date:_____ Time:_____

Deck:_____ MAJOR   MINOR   BOTH

Question:_____
_____

Card 1:_____
_____
_____
_____

Card 2:_____
_____
_____
_____

Card 3:_____
_____
_____
_____

Interpretation:_____
_____
_____
_____

Date:_____ Time:_____

Deck:_____   MAJOR   MINOR   BOTH

Question:_____
_____

Card 1:_____
_____
_____

Card 2:_____
_____
_____

Card 3:_____
_____
_____

Interpretation:_____
_____
_____
_____

Date:_____ Time:_____

Deck:_____   MAJOR   MINOR   BOTH

Question:_____
_____

Card 1:_____
_____
_____

Card 2:_____
_____
_____

Card 3:_____
_____
_____

Interpretation:_____
_____
_____
_____

Date:_____ Time:_____

Deck:_____   MAJOR   MINOR   BOTH

Question:_____
_____

Card 1:_____
_____
_____

Card 2:_____
_____
_____

Card 3:_____
_____
_____

Interpretation:_____
_____
_____
_____

Date:_____ Time:_____
Deck:_____   MAJOR   MINOR   BOTH
Question:_____
_____

Card 1:_____
_____
_____

Card 2:_____
_____
_____

Card 3:_____
_____
_____

Interpretation:_____
_____
_____
_____

Date:_____ Time:_____
Deck:_____   MAJOR   MINOR   BOTH
Question:_____
_____

Card 1:_____
_____
_____

Card 2:_____
_____
_____

Card 3:_____
_____
_____

Interpretation:_____
_____
_____
_____

Date:_____ Time:_____
Deck:_____   MAJOR   MINOR   BOTH
Question:_____
_____

Card 1:_____
_____
_____
_____

Card 2:_____
_____
_____
_____

Card 3:_____
_____
_____
_____

Interpretation:_____
_____
_____
_____

Date:_____ Time:_____

Deck:_____   MAJOR   MINOR   BOTH

Question:_____
_____

Card 1:_____
_____
_____

Card 2:_____
_____
_____

Card 3:_____
_____
_____

Interpretation:_____
_____
_____
_____

Date:_____ Time:_____

Deck:_____   MAJOR   MINOR   BOTH

Question:_____
_____

Card 1:_____
_____
_____

Card 2:_____
_____
_____

Card 3:_____
_____
_____

Interpretation:_____
_____
_____
_____

Date:_____ Time:_____

Deck:_____   MAJOR   MINOR   BOTH

Question:_____
_____

Card 1:_____
_____
_____
_____

Card 2:_____
_____
_____
_____

Card 3:_____
_____
_____
_____

Interpretation:_____
_____
_____
_____

Date:_____ Time:_____
Deck:_____   MAJOR   MINOR   BOTH
Question:_____
_____

Card 1:_____
_____
_____

Card 2:_____
_____
_____

Card 3:_____
_____
_____

Interpretation:_____
_____
_____
_____

Date:_____ Time:_____

Deck:_____   MAJOR   MINOR   BOTH

Question:_____
_____

Card 1:_____
_____
_____

Card 2:_____
_____
_____

Card 3:_____
_____
_____

Interpretation:_____
_____
_____
_____

Date:_____ Time:_____

Deck:_____ MAJOR   MINOR   BOTH

Question:_____
_____

Card 1:_____
_____
_____

Card 2:_____
_____
_____

Card 3:_____
_____
_____

Interpretation:_____
_____
_____

Date:_____ Time:_____

Deck:_____   MAJOR   MINOR   BOTH

Question:_____
_____

Card 1:_____
_____
_____
_____

Card 2:_____
_____
_____
_____

Card 3:_____
_____
_____
_____

Interpretation:_____
_____
_____
_____

Date:_____ Time:_____

Deck:_____   MAJOR   MINOR   BOTH

Question:_____

_____

Card 1:_____

_____

_____

Card 2:_____

_____

_____

Card 3:_____

_____

_____

Interpretation:_____

_____

_____

_____

Date:_____ Time:_____

Deck:_____   MAJOR   MINOR   BOTH

Question:_____
_____

Card 1:_____
_____
_____
_____

Card 2:_____
_____
_____
_____

Card 3:_____
_____
_____
_____

Interpretation:_____
_____
_____
_____

Date:_____ Time:_____
Deck:_____   MAJOR   MINOR   BOTH
Question:_____
_____

Card 1:_____
_____
_____

Card 2:_____
_____
_____

Card 3:_____
_____
_____

Interpretation:_____
_____
_____
_____

Date:_____ Time:_____

Deck:_____   MAJOR   MINOR   BOTH

Question:_____
_____

Card 1:_____
_____
_____

Card 2:_____
_____
_____

Card 3:_____
_____
_____

Interpretation:_____
_____
_____
_____

Date:_____ Time:_____
Deck:_____   MAJOR   MINOR   BOTH
Question:_____
_____

Card 1:_____
_____
_____

Card 2:_____
_____
_____

Card 3:_____
_____
_____

Interpretation:_____
_____
_____
_____

Date:_____ Time:_____

Deck:_____   MAJOR   MINOR   BOTH

Question:_____
_____

Card 1:_____
_____
_____

Card 2:_____
_____
_____

Card 3:_____
_____
_____

Interpretation:_____
_____
_____
_____

Date:_____ Time:_____

Deck:_____   MAJOR   MINOR   BOTH

Question:_____

_____

Card 1:_____

_____

_____

Card 2:_____

_____

_____

Card 3:_____

_____

_____

Interpretation:_____

_____

_____

_____

Date:_____ Time:_____
Deck:_____ MAJOR   MINOR   BOTH
Question:_____
_____

Card 1:_____
_____
_____

Card 2:_____
_____
_____

Card 3:_____
_____
_____

Interpretation:_____
_____
_____
_____

Date:_____ Time:_____
Deck:_____ MAJOR   MINOR   BOTH
Question:_____

Card 1:_____
_____
_____

Card 2:_____
_____
_____

Card 3:_____
_____
_____

Interpretation:_____
_____
_____
_____

Date:_____ Time:_____

Deck:_____   MAJOR   MINOR   BOTH

Question:_____
_____

Card 1:_____
_____
_____

Card 2:_____
_____
_____

Card 3:_____
_____
_____

Interpretation:_____
_____
_____
_____

Date:_____ Time:_____

Deck:_____ MAJOR   MINOR   BOTH

Question:_____
_____

Card 1:_____
_____
_____
_____

Card 2:_____
_____
_____
_____

Card 3:_____
_____
_____
_____

Interpretation:_____
_____
_____
_____

Date:_____ Time:_____

Deck:_____ MAJOR   MINOR   BOTH

Question:_____

_____

Card 1:_____

_____

_____

Card 2:_____

_____

_____

Card 3:_____

_____

_____

Interpretation:_____

_____

_____

Date:_____ Time:_____
Deck:_____   MAJOR   MINOR   BOTH
Question:_____
_____

Card 1:_____
_____
_____

Card 2:_____
_____
_____

Card 3:_____
_____
_____

Interpretation:_____
_____
_____

Date:_____ Time:_____

Deck:_____   MAJOR   MINOR   BOTH

Question:_____

_____

Card 1:_____

_____

_____

_____

Card 2:_____

_____

_____

_____

Card 3:_____

_____

_____

_____

Interpretation:_____

_____

_____

_____

Date:_____ Time:_____

Deck:_____   MAJOR   MINOR   BOTH

Question:_____

_____

Card 1:_____

_____

_____

Card 2:_____

_____

_____

Card 3:_____

_____

_____

Interpretation:_____

_____

_____

_____

Date:_____ Time:_____

Deck:_____   MAJOR   MINOR   BOTH

Question:_____
_____

Card 1:_____
_____
_____

Card 2:_____
_____
_____

Card 3:_____
_____
_____

Interpretation:_____
_____
_____
_____

Date:_____ Time:_____

Deck:_____   MAJOR   MINOR   BOTH

Question:_____

_____

Card 1:_____

_____

_____

Card 2:_____

_____

_____

Card 3:_____

_____

_____

Interpretation:_____

_____

_____

_____

Date:_____ Time:_____

Deck:_____   MAJOR   MINOR   BOTH

Question:_____

_____

Card 1:_____

_____

_____

Card 2:_____

_____

_____

Card 3:_____

_____

_____

Interpretation:_____

_____

_____

_____

Date:_____ Time:_____
Deck:_____   MAJOR   MINOR   BOTH
Question:_____
_____

Card 1:_____
_____
_____

Card 2:_____
_____
_____

Card 3:_____
_____
_____

Interpretation:_____
_____
_____
_____

Date:_____ Time:_____

Deck:_____   MAJOR   MINOR   BOTH

Question:_____

_____

Card 1:_____

_____

_____

Card 2:_____

_____

_____

Card 3:_____

_____

_____

Interpretation:_____

_____

_____

_____

Date:_____ Time:_____

Deck:_____   MAJOR   MINOR   BOTH

Question:_____

Card 1:_____

Card 2:_____

Card 3:_____

Interpretation:_____

Date:_____ Time:_____

Deck:_____   MAJOR   MINOR   BOTH

Question:_____
_____

Card 1:_____
_____
_____
_____

Card 2:_____
_____
_____
_____

Card 3:_____
_____
_____
_____

Interpretation:_____
_____
_____
_____

Date:_____ Time:_____

Deck:_____   MAJOR   MINOR   BOTH

Question:_____

_____

Card 1:_____

_____

_____

_____

Card 2:_____

_____

_____

_____

Card 3:_____

_____

_____

_____

Interpretation:_____

_____

_____

_____

Date:_____ Time:_____

Deck:_____   MAJOR   MINOR   BOTH

Question:_____
_____

Card 1:_____
_____
_____

Card 2:_____
_____
_____

Card 3:_____
_____
_____

Interpretation:_____
_____
_____
_____

Date:_____ Time:_____

Deck:_____   MAJOR   MINOR   BOTH

Question:_____

_____

Card 1:_____

_____

_____

Card 2:_____

_____

_____

Card 3:_____

_____

_____

Interpretation:_____

_____

_____

_____

Date:_____ Time:_____
Deck:_____   MAJOR   MINOR   BOTH
Question:_____
_____

Card 1:_____
_____
_____
_____

Card 2:_____
_____
_____
_____

Card 3:_____
_____
_____
_____

Interpretation:_____
_____
_____
_____

Date:_____ Time:_____

Deck:_____   MAJOR   MINOR   BOTH

Question:_____

_____

Card 1:_____

_____

_____

Card 2:_____

_____

_____

Card 3:_____

_____

_____

Interpretation:_____

_____

_____

_____

Date:_____ Time:_____

Deck:_____   MAJOR   MINOR   BOTH

Question:_____
_____

Card 1:_____
_____
_____
_____

Card 2:_____
_____
_____
_____

Card 3:_____
_____
_____
_____

Interpretation:_____
_____
_____
_____

Date:_____ Time:_____

Deck:_____   MAJOR   MINOR   BOTH

Question:_____

_____

Card 1:_____

_____

_____

Card 2:_____

_____

_____

Card 3:_____

_____

_____

Interpretation:_____

_____

_____

_____

Date:_____ Time:_____

Deck:_____   MAJOR   MINOR   BOTH

Question:_____
_____

Card 1:_____
_____
_____

Card 2:_____
_____
_____

Card 3:_____
_____
_____

Interpretation:_____
_____
_____
_____

Date:_____ Time:_____

Deck:_____   MAJOR   MINOR   BOTH

Question:_____

_____

Card 1:_____

_____

_____

Card 2:_____

_____

_____

Card 3:_____

_____

_____

Interpretation:_____

_____

_____

_____

Date:_____ Time:_____

Deck:_____   MAJOR   MINOR   BOTH

Question:_____
_____

Card 1:_____
_____
_____

Card 2:_____
_____
_____

Card 3:_____
_____
_____

Interpretation:_____
_____
_____
_____

Date:_____ Time:_____

Deck:_____   MAJOR   MINOR   BOTH

Question:_____

_____

Card 1:_____

_____

_____

_____

Card 2:_____

_____

_____

_____

Card 3:_____

_____

_____

_____

Interpretation:_____

_____

_____

_____

Date:_____ Time:_____

Deck:_____   MAJOR   MINOR   BOTH

Question:_____
_____

Card 1:_____
_____
_____

Card 2:_____
_____
_____

Card 3:_____
_____
_____

Interpretation:_____
_____
_____
_____

Date:_____ Time:_____

Deck:_____   MAJOR   MINOR   BOTH

Question:_____

_____

Card 1:_____

_____

_____

Card 2:_____

_____

_____

Card 3:_____

_____

_____

Interpretation:_____

_____

_____

_____

Date:_____ Time:_____

Deck:_____   MAJOR   MINOR   BOTH

Question:_____

_____

Card 1:_____

_____

_____

Card 2:_____

_____

_____

Card 3:_____

_____

_____

Interpretation:_____

_____

_____

_____

Date:_____ Time:_____

Deck:_____   MAJOR   MINOR   BOTH

Question:_____

_____

Card 1:_____

_____

_____

Card 2:_____

_____

_____

Card 3:_____

_____

_____

Interpretation:_____

_____

_____

Date:_____ Time:_____

Deck:_____   MAJOR   MINOR   BOTH

Question:_____

_____

Card 1:_____

_____

_____

Card 2:_____

_____

_____

Card 3:_____

_____

_____

Interpretation:_____

_____

_____

_____

Date:_____ Time:_____

Deck:_____ MAJOR   MINOR   BOTH

Question:_____
_____

Card 1:_____
_____
_____

Card 2:_____
_____
_____

Card 3:_____
_____
_____

Interpretation:_____
_____
_____
_____

Date:_____ Time:_____

Deck:_____ MAJOR   MINOR   BOTH

Question:_____

_____

Card 1:_____

_____

_____

_____

Card 2:_____

_____

_____

_____

Card 3:_____

_____

_____

_____

Interpretation:_____

_____

_____

_____

Date:_____ Time:_____

Deck:_____ MAJOR MINOR BOTH

Question:_____
_____

Card 1:_____
_____
_____
_____

Card 2:_____
_____
_____
_____

Card 3:_____
_____
_____
_____

Interpretation:_____
_____
_____
_____

Date:_____ Time:_____

Deck:_____   MAJOR   MINOR   BOTH

Question:_____

_____

Card 1:_____

_____

_____

Card 2:_____

_____

_____

Card 3:_____

_____

_____

Interpretation:_____

_____

_____

_____

Date:_____ Time:_____

Deck:_____   MAJOR   MINOR   BOTH

Question:_____
_____

Card 1:_____
_____
_____

Card 2:_____
_____
_____

Card 3:_____
_____
_____

Interpretation:_____
_____
_____
_____

Date:_____ Time:_____

Deck:_____   MAJOR   MINOR   BOTH

Question:_____
_____

Card 1:_____
_____
_____

Card 2:_____
_____
_____

Card 3:_____
_____
_____

Interpretation:_____
_____
_____
_____

Date:_____ Time:_____
Deck:_____   MAJOR   MINOR   BOTH
Question:_____
_____

Card 1:_____
_____
_____

Card 2:_____
_____
_____

Card 3:_____
_____
_____

Interpretation:_____
_____
_____
_____

Date:_____ Time:_____

Deck:_____   MAJOR   MINOR   BOTH

Question:_____

Card 1:_____

Card 2:_____

Card 3:_____

Interpretation:_____

Date:_____ Time:_____
Deck:_____   MAJOR   MINOR   BOTH
Question:_____
_____

Card 1:_____
_____
_____

Card 2:_____
_____
_____

Card 3:_____
_____
_____

Interpretation:_____
_____
_____
_____

Date:_____ Time:_____

Deck:_____   MAJOR   MINOR   BOTH

Question:_____
_____

Card 1:_____
_____
_____

Card 2:_____
_____
_____

Card 3:_____
_____
_____

Interpretation:_____
_____
_____
_____

Date:_____ Time:_____

Deck:_____ MAJOR   MINOR   BOTH

Question:_____
_____

Card 1:_____
_____
_____

Card 2:_____
_____
_____

Card 3:_____
_____
_____

Interpretation:_____
_____
_____
_____

Date:_____ Time:_____

Deck:_____   MAJOR   MINOR   BOTH

Question:_____
_____

Card 1:_____
_____
_____
_____

Card 2:_____
_____
_____
_____

Card 3:_____
_____
_____
_____

Interpretation:_____
_____
_____
_____

Date:_____ Time:_____

Deck:_____ MAJOR   MINOR   BOTH

Question:_____

_____

Card 1:_____

_____

_____

Card 2:_____

_____

_____

Card 3:_____

_____

_____

Interpretation:_____

_____

_____

_____

Date:_____ Time:_____

Deck:_____   MAJOR   MINOR   BOTH

Question:_____
_____

Card 1:_____
_____
_____
_____

Card 2:_____
_____
_____
_____

Card 3:_____
_____
_____
_____

Interpretation:_____
_____
_____
_____

Date:_____ Time:_____

Deck:_____   MAJOR   MINOR   BOTH

Question:_____

_____

Card 1:_____

_____

_____

Card 2:_____

_____

_____

Card 3:_____

_____

_____

Interpretation:_____

_____

_____

_____

Date:_____ Time:_____

Deck:_____ MAJOR   MINOR   BOTH

Question:_____

Card 1:_____

Card 2:_____

Card 3:_____

Interpretation:_____

Date:_____ Time:_____

Deck:_____   MAJOR   MINOR   BOTH

Question:_____

_____

Card 1:_____

_____

_____

Card 2:_____

_____

_____

Card 3:_____

_____

_____

Interpretation:_____

_____

_____

_____

Date:_____ Time:_____
Deck:_____   MAJOR   MINOR   BOTH
Question:_____
_____

Card 1:_____
_____
_____

Card 2:_____
_____
_____

Card 3:_____
_____
_____

Interpretation:_____
_____
_____
_____

Date:_____ Time:_____

Deck:_____   MAJOR   MINOR   BOTH

Question:_____

_____

Card 1:_____

_____

_____

Card 2:_____

_____

_____

Card 3:_____

_____

_____

Interpretation:_____

_____

_____

_____

Date:_____ Time:_____

Deck:_____   MAJOR   MINOR   BOTH

Question:_____

_____

Card 1:_____

_____

_____

Card 2:_____

_____

_____

Card 3:_____

_____

_____

Interpretation:_____

_____

_____

Date:_____ Time:_____

Deck:_____   MAJOR   MINOR   BOTH

Question:_____

_____

Card 1:_____

_____

_____

Card 2:_____

_____

_____

Card 3:_____

_____

_____

Interpretation:_____

_____

_____

_____

Date:_____ Time:_____

Deck:_____   MAJOR   MINOR   BOTH

Question:_____

_____

Card 1:_____

_____

_____

Card 2:_____

_____

_____

Card 3:_____

_____

_____

Interpretation:_____

_____

_____

_____

Date:_____ Time:_____

Deck:_____   MAJOR   MINOR   BOTH

Question:_____
_____

Card 1:_____
_____
_____

Card 2:_____
_____
_____

Card 3:_____
_____
_____

Interpretation:_____
_____
_____
_____

Date:_____ Time:_____

Deck:_____   MAJOR   MINOR   BOTH

Question:_____

_____

Card 1:_____

_____

_____

_____

Card 2:_____

_____

_____

_____

Card 3:_____

_____

_____

_____

Interpretation:_____

_____

_____

_____

Date:_____ Time:_____

Deck:_____   MAJOR   MINOR   BOTH

Question:_____

_____

Card 1:_____

_____

_____

_____

Card 2:_____

_____

_____

_____

Card 3:_____

_____

_____

_____

Interpretation:_____

_____

_____

_____

Date:_____ Time:_____
Deck:_____   MAJOR   MINOR   BOTH
Question:_____

Card 1:_____
_____
_____

Card 2:_____
_____
_____

Card 3:_____
_____
_____

Interpretation:_____
_____
_____
_____

Date:_____ Time:_____

Deck:_____   MAJOR   MINOR   BOTH

Question:_____

Card 1:_____

Card 2:_____

Card 3:_____

Interpretation:_____

Date:_____ Time:_____

Deck:_____ MAJOR   MINOR   BOTH

Question:_____
_____

Card 1:_____
_____
_____
_____

Card 2:_____
_____
_____
_____

Card 3:_____
_____
_____
_____

Interpretation:_____
_____
_____
_____

Date:_____ Time:_____

Deck:_____   MAJOR   MINOR   BOTH

Question:_____

_____

Card 1:_____

_____

_____

Card 2:_____

_____

_____

Card 3:_____

_____

_____

Interpretation:_____

_____

_____

Date:_____ Time:_____

Deck:_____   MAJOR   MINOR   BOTH

Question:_____
_____

Card 1:_____
_____
_____

Card 2:_____
_____
_____

Card 3:_____
_____
_____

Interpretation:_____
_____
_____
_____

Date:_____ Time:_____
Deck:_____   MAJOR   MINOR   BOTH
Question:_____
_____

Card 1:_____
_____
_____
_____

Card 2:_____
_____
_____
_____

Card 3:_____
_____
_____
_____

Interpretation:_____
_____
_____
_____

Date:_____ Time:_____
Deck:_____   MAJOR   MINOR   BOTH
Question:_____
_____

Card 1:_____
_____
_____
_____

Card 2:_____
_____
_____
_____

Card 3:_____
_____
_____
_____

Interpretation:_____
_____
_____
_____

Date:_____ Time:_____

Deck:_____   MAJOR   MINOR   BOTH

Question:_____

_____

Card 1:_____

_____

_____

_____

Card 2:_____

_____

_____

_____

Card 3:_____

_____

_____

_____

Interpretation:_____

_____

_____

_____

Date:_____ Time:_____

Deck:_____   MAJOR   MINOR   BOTH

Question:_____
_____

Card 1:_____
_____
_____

Card 2:_____
_____
_____

Card 3:_____
_____
_____

Interpretation:_____
_____
_____
_____

Date:_____ Time:_____

Deck:_____   MAJOR   MINOR   BOTH

Question:_____

_____

Card 1:_____

_____

_____

Card 2:_____

_____

_____

Card 3:_____

_____

_____

Interpretation:_____

_____

_____

Date:_____ Time:_____

Deck:_____   MAJOR   MINOR   BOTH

Question:_____
_____

Card 1:_____
_____
_____

Card 2:_____
_____
_____

Card 3:_____
_____
_____

Interpretation:_____
_____
_____
_____

Date:_____ Time:_____

Deck:_____   MAJOR   MINOR   BOTH

Question:_____

Card 1:_____

Card 2:_____

Card 3:_____

Interpretation:_____

Date:_____ Time:_____
Deck:_____   MAJOR   MINOR   BOTH
Question:_____
_____

Card 1:_____
_____
_____

Card 2:_____
_____
_____

Card 3:_____
_____
_____

Interpretation:_____
_____
_____
_____

Date:_____ Time:_____
Deck:_____   MAJOR   MINOR   BOTH
Question:_____

Card 1:_____
_____
_____

Card 2:_____
_____
_____

Card 3:_____
_____
_____

Interpretation:_____
_____
_____
_____

Date:_____ Time:_____

Deck:_____   MAJOR   MINOR   BOTH

Question:_____
_____

Card 1:_____
_____
_____
_____

Card 2:_____
_____
_____
_____

Card 3:_____
_____
_____
_____

Interpretation:_____
_____
_____
_____

Date:_____ Time:_____

Deck:_____   MAJOR   MINOR   BOTH

Question:_____
_____

Card 1:_____
_____
_____

Card 2:_____
_____
_____

Card 3:_____
_____
_____

Interpretation:_____
_____
_____
_____

Date:_____ Time:_____

Deck:_____   MAJOR   MINOR   BOTH

Question:_____

_____

Card 1:_____

_____

_____

_____

Card 2:_____

_____

_____

_____

Card 3:_____

_____

_____

_____

Interpretation:_____

_____

_____

_____

Date:_____ Time:_____
Deck:_____   MAJOR   MINOR   BOTH
Question:_____
_____

Card 1:_____
_____
_____
_____

Card 2:_____
_____
_____
_____

Card 3:_____
_____
_____
_____

Interpretation:_____
_____
_____
_____

Date:_____ Time:_____

Deck:_____   MAJOR   MINOR   BOTH

Question:_____
_____

Card 1:_____
_____
_____

Card 2:_____
_____
_____

Card 3:_____
_____
_____

Interpretation:_____
_____
_____
_____

Date:_____ Time:_____

Deck:_____   MAJOR   MINOR   BOTH

Question:_____

_____

Card 1:_____

_____

_____

Card 2:_____

_____

_____

Card 3:_____

_____

_____

Interpretation:_____

_____

_____

Date:_____ Time:_____

Deck:_____   MAJOR   MINOR   BOTH

Question:_____
_____

Card 1:_____
_____
_____

Card 2:_____
_____
_____

Card 3:_____
_____
_____

Interpretation:_____
_____
_____
_____

Date:_____ Time:_____

Deck:_____   MAJOR   MINOR   BOTH

Question:_____

_____

Card 1:_____

_____

_____

Card 2:_____

_____

_____

Card 3:_____

_____

_____

Interpretation:_____

_____

_____

_____

Date:_____ Time:_____

Deck:_____   MAJOR   MINOR   BOTH

Question:_____

_____

Card 1:_____

_____

_____

Card 2:_____

_____

_____

Card 3:_____

_____

_____

Interpretation:_____

_____

_____

Date:_____ Time:_____

Deck:_____ MAJOR   MINOR   BOTH

Question:_____

Card 1:_____

Card 2:_____

Card 3:_____

Interpretation:_____

Date:_____ Time:_____

Deck:_____   MAJOR   MINOR   BOTH

Question:_____
_____

Card 1:_____
_____
_____

Card 2:_____
_____
_____

Card 3:_____
_____
_____

Interpretation:_____
_____
_____
_____

Date:_____ Time:_____
Deck:_____   MAJOR   MINOR   BOTH
Question:_____

Card 1:_____

Card 2:_____

Card 3:_____

Interpretation:_____

Date:_____ Time:_____

Deck:_____   MAJOR   MINOR   BOTH

Question:_____
_____

Card 1:_____
_____
_____

Card 2:_____
_____
_____

Card 3:_____
_____
_____

Interpretation:_____
_____
_____

Date:_____ Time:_____

Deck:_____   MAJOR   MINOR   BOTH

Question:_____

_____

Card 1:_____

_____

_____

Card 2:_____

_____

_____

Card 3:_____

_____

_____

Interpretation:_____

_____

_____

Date:_____ Time:_____

Deck:_____   MAJOR   MINOR   BOTH

Question:_____

_____

Card 1:_____

_____

_____

Card 2:_____

_____

_____

Card 3:_____

_____

_____

Interpretation:_____

_____

_____

_____

Date:_____ Time:_____
Deck:_____ MAJOR   MINOR   BOTH
Question:_____
_____

Card 1:_____
_____
_____

Card 2:_____
_____
_____

Card 3:_____
_____
_____

Interpretation:_____
_____
_____
_____

Date:_____ Time:_____
Deck:_____ MAJOR   MINOR   BOTH
Question:_____
_____

Card 1:_____
_____
_____

Card 2:_____
_____
_____

Card 3:_____
_____
_____

Interpretation:_____
_____
_____
_____

Date:_____ Time:_____

Deck:_____　　MAJOR　　MINOR　　BOTH

Question:_____
_____

Card 1:_____
_____
_____

Card 2:_____
_____
_____

Card 3:_____
_____
_____

Interpretation:_____
_____
_____
_____

Date:_____ Time:_____

Deck:_____   MAJOR   MINOR   BOTH

Question:_____
_____

Card 1:_____
_____
_____

Card 2:_____
_____
_____

Card 3:_____
_____
_____

Interpretation:_____
_____
_____
_____

Date:_____ Time:_____
Deck:_____   MAJOR   MINOR   BOTH
Question:_____

Card 1:_____

Card 2:_____

Card 3:_____

Interpretation:_____

Date:_____ Time:_____

Deck:_____   MAJOR   MINOR   BOTH

Question:_____
_____

Card 1:_____
_____
_____

Card 2:_____
_____
_____

Card 3:_____
_____
_____

Interpretation:_____
_____
_____
_____

Date:_____ Time:_____
Deck:_____   MAJOR   MINOR   BOTH
Question:_____
_____

Card 1:_____
_____
_____

Card 2:_____
_____
_____

Card 3:_____
_____
_____

Interpretation:_____
_____
_____
_____

Date:_____ Time:_____

Deck:_____   MAJOR   MINOR   BOTH

Question:_____
_____

Card 1:_____
_____
_____

Card 2:_____
_____
_____

Card 3:_____
_____
_____

Interpretation:_____
_____
_____
_____

Date:_____ Time:_____

Deck:_____ MAJOR   MINOR   BOTH

Question:_____
_____

Card 1:_____
_____
_____

Card 2:_____
_____
_____

Card 3:_____
_____
_____

Interpretation:_____
_____
_____
_____

Thank you for choosing our journal!
We hope you enjoy it as much as we do.

We Invite you to check out our website for more of our books:

www.TheJournalFolks.com

Made in the USA
Middletown, DE
03 December 2019